BEI GRIN MACHT SICH IHR WISSEN BEZAHLT

- Wir veröffentlichen Ihre Hausarbeit,
  Bachelor- und Masterarbeit

- Ihr eigenes eBook und Buch -
  weltweit in allen wichtigen Shops

- Verdienen Sie an jedem Verkauf

Jetzt bei www.GRIN.com hochladen
und kostenlos publizieren

Nina Eger

Kanzlerprinzip

Welche Grenzen hat das Kanzlerprinzip?

GRIN Verlag

Bibliografische Information der Deutschen Nationalbibliothek:

Die Deutsche Bibliothek verzeichnet diese Publikation in der Deutschen National-
bibliografie; detaillierte bibliografische Daten sind im Internet über http://dnb.d-
nb.de/ abrufbar.

Impressum:

Copyright © 2006 GRIN Verlag GmbH
Druck und Bindung: Books on Demand GmbH, Norderstedt Germany
ISBN: 978-3-640-18870-3

Dieses Buch bei GRIN:

http://www.grin.com/de/e-book/116821/kanzlerprinzip

GRIN - Your knowledge has value

Der GRIN Verlag publiziert seit 1998 wissenschaftliche Arbeiten von Studenten, Hochschullehrern und anderen Akademikern als eBook und gedrucktes Buch. Die Verlagswebsite www.grin.com ist die ideale Plattform zur Veröffentlichung von Hausarbeiten, Abschlussarbeiten, wissenschaftlichen Aufsätzen, Dissertationen und Fachbüchern.

Besuchen Sie uns im Internet:

http://www.grin.com/

http://www.facebook.com/grincom

http://www.twitter.com/grin_com

Carl von Ossietzky Universität Oldenburg
Politisches System Deutschlands und der EU
Wintersemester 2007/08

Das Kanzlerprinzip

Vorgelegt von:
Nina Eger
2. Semester Sozialwissenschaften

1. Einleitung

Mit Konrad Adenauer, als erstem Bundeskanzler, bildete sich ein neuer Regierungstyp heraus, der als Kanzlerdemokratie bezeichnet wird und bis heute Bestand hat. Dieser Regierungstyp zeichnet sich durch die folgenden fünf Merkmale[1] aus:

1. die Verwirklichung des Kanzlerprinzips in verfassungsrechtlicher und politischer Hinsicht
2. der Kanzler nimmt eine führende Position in der größten Regierungspartei ein
3. es besteht ein deutlicher Gegensatz zwischen dem Regierungs- und dem Oppositionslager
4. es besteht deutliches Engagement des Bundeskanzlers in der Außenpolitik
5. die politische Auseinandersetzung wird durch eine starke Personalisierung und Medienpräsenz des Regierungschefs bestimmt

Das Kanzlerprinzip bildet die rechtliche Grundlage für das Bestehen einer Kanzlerdemokratie, die durch eine dominierende Position des Bundeskanzlers gekennzeichnet ist. „Doch kein Kanzler kann unter Berufung auf seine verfassungsmäßigen Vollmachten mit dem Kopf durch die Wand."[2] Da es sich bei der Kanzlerdemokratie, wie ihr Name schon sagt, um eine Demokratie und nicht um eine Diktatur handelt, stellt sich in diesem Zusammenhang die Frage, wodurch die dominierende Stellung des Bundeskanzlers eingeschränkt wird. Deshalb soll in dieser Arbeit der Frage „Welche Grenzen hat das Kanzlerprinzip?" nachgegangen werden.

Es wird mit einer Begriffserklärung des Kanzlerprinzips sowie der beiden anderen Organisationsprinzipien der Kanzlerdemokratie begonnen. Danach sollen die Führungsinstrumente des Bundeskanzlers vorgestellt, sowie ihre Bedeutung für die hervorgehobene Stellung des Bundeskanzlers dargelegt werden. Nach der Vorstellung der Führungsinstrumente werden die Grenzen des Kanzlerprinzips erläutert, wobei der Schwerpunkt auf der Betrachtung des persönlichen Geschicks der ehemaligen Bundeskanzler liegen wird. Nach der Untersuchung der Grenzen des Kanzlerprinzips, wird in Punkt 5 mit einem Resümee die Fragestellung beantwortet.

---

[1] vgl. Niclauß, K., Kanzlerdemokratie, Paderborn, 2004, S.68 ff
[2] Andersen, U./ Woyke, W. (Hrsg.), Handwörterbuch... Deutschland, 3.Aufl., Opladen, 1997, S.47

2. Organisationsprinzipien der Kanzlerdemokratie

In einer Kanzlerdemokratie werden drei Organisationsprinzipien der Bundesregierung unterschieden. Das Kanzlerprinzip, das Ressortprinzip sowie das Kabinettsprinzip. „Diese Organisationsprinzipien sind im Grundgesetz miteinander kombiniert und überlagern sich gegenseitig."[3] Im Folgenden werden diese Prinzipien näher erläutert, wobei der Schwerpunkt auf dem Kanzlerprinzip liegen wird.

Kanzlerprinzip

Das Kanzlerprinzip steht für die dominierende Stellung[4] des Kanzlers in der Bundesregierung. In dem Art. 65 Satz 1 des Grundgesetzes (GG) ist festgehalten, dass der Bundeskanzler die Richtlinien der Politik bestimmt und dafür die Verantwortung trägt. „Was die Richtlinien der Politik sind, ist nicht genau zu umschreiben. Man kann darunter die Leitlinien der Politik, eine Art Gesamtplan verstehen, den der Bundeskanzler mit seiner Regierung durchführen will."[5]

Die Regeln des Grundgesetzes zur Bundesregierung wurden mit der Absicht formuliert, die Stabilität und Arbeitsfähigkeit der Regierung zu verbessern.[6]

Um den Kanzler außerdem in seiner Position hervorzuheben und diese zu stabilisieren, verfasste der parlamentarische Rat 1948 die Art. 67 und 68 des Grundgesetzes. Das sind zum einen das konstruktive Misstrauensvotum und zum anderen die Vertrauensfrage.

Das konstruktive Misstrauensvotum[7] besagt, dass die Entlassung des Bundeskanzlers durch den Bundestag nur möglich ist, wenn gleichzeitig ein neuer Regierungschef gewählt wird. Dieses führte beispielsweise am 1.10.1982 zu einem Regierungswechsel. Helmut Schmidt wurde in seiner Position als Kanzler durch Helmut Kohl abgelöst.

Einschränkend muss allerdings erwähnt werden, dass sich die Autoren des Grundgesetzes darüber einig waren, dass das konstruktive Misstrauensvotum keine „Patentlösung für alle zukünftigen möglichen Regierungskrisen" darstellt.[8]

---

[3] Hesse, K., Grundzüge des Verfassungsrechts der BRD, 5. Aufl., Karlsruhe, 1972, S.252
[4] vgl. Brauswetter, H., Kanzlerprinzip, Ressortprinzip und Kabinettsprinzip in der ersten Regierung Brandt, Bonn, 1976, S.4
[5] Sontheimer, K., Grundzüge des politischen Systems der Bundesrepublik Deutschland, München, 1971, S.159
[6] vgl. Niclauß, K., Kanzlerdemokratie, Paderborn, 2004, S.69
[7] im Gegensatz dazu gab es in der Weimarer Republik das einfache Misstrauensvotum
[8] vgl. Niclauß, K., Kanzlerdemokratie, Paderborn, 2004, S.70

Die in dem Art. 68 des Grundgesetzes festgeschriebene Vertrauensfrage, dient ebenfalls zur Stärkung und Stabilisierung des Regierungschefs. Sie besagt, dass in parlamentarischen Regierungssystemen, ein Regierungschef das Recht hat, einen Antrag an das Parlament zu stellen, ihm das Vertrauen auszusprechen. Wird die Vertrauensfrage von der Mehrheit im Parlament verneint, hat das i. d. R. den Rücktritt der Regierung und/ oder die Parlamentsauflösung zur Folge.[9] Wird sie allerdings bejaht, so kann dies eine Bestätigung und damit eine Legitimation des Bundeskanzlers und seiner Regierung bewirken.

Ressortprinzip

Laut dem Artikel 65 des Grundgesetzes Satz 1 bestimmt der Bundeskanzler die Richtlinien der Politik und trägt für diese Verantwortung (sog. Kanzlerprinzip). Allerdings wird diese Regel in Satz 2 desselben Artikels eingeschränkt. Denn „innerhalb dieser Richtlinien leitet jeder Bundesminister seinen Geschäftsbereich selbstständig und unter eigener Verantwortung"[10] (sog. Ressortprinzip). Das Ressortprinzip begrenzt also das Kanzlerprinzip, indem es ein „hineinregieren" des Bundeskanzlers, über den Kopf eines Ministers, in sein Ministerium nicht möglich macht.[11] „Die Alleinverantwortlichkeit des Kanzlers verdrängt und überlagert also keineswegs vollständig die individuelle Ministerverantwortlichkeit gegenüber dem Parlament."[12]

Kabinettsprinzip/ Kollegialprinzip

Die Begriffe „Kabinettsprinzip" und „Kollegialprinzip" werden in der Literatur oft synonym verwendet. In dieser Arbeit wird der Einheitlichkeit wegen, der Begriff „Kabinettsprinzip" vorgezogen, da er in der Mehrheit der angewandten Literatur gebraucht wurde.

Nach Wolfgang Rudzio lässt die Kabinettskonstruktion des Grundgesetzes die Bundesregierung, im Vergleich zum Kanzlerprinzip, eher wie ein Kollegialorgan erscheinen.[13] Hierfür werden zwei Gründe angeführt:

---

[9] vgl. Schülerduden Politik und Gesellschaft, 4. Aufl., Mannheim, 2001, Stichwort: Vertrauensfrage
[10] Artikel 65 Satz 2 GG, 40. Aufl., München, 2005, S.33
[11] vgl. Rudzio, W., Das politische System der Bundesrepublik Deutschland, 6.Aufl., Opladen, 2003, S.293
[12] Andersen, U./ Woyke, W. (Hrsg.), Handwörterbuch des politischen Systems der Bundesrepublik Deutschland, 3.Aufl., Opladen, 1997, S.47
[13] vgl. Rudzio, W., Das politische System der Bundesrepublik Deutschland, 6.Aufl., Opladen, 2003, S.290

Zum einen die kollektiven Handlungsbefugnisse nach außen. Hier agiert nicht der Bundeskanzler allein, sondern das Kabinett gemeinsam als Bundesregierung im Gesetzgebungsprozess und zu Bundestagsvorlagen.

Der zweite Grund sind die kollektiven regierungsinternen Kompetenzen. In dem Art. 65 Satz 3 des Grundgesetzes ist festgelegt, dass über Meinungsverschiedenheiten zwischen den Bundesministern die Bundesregierung entscheidet. „Bei Meinungsverschiedenheiten ist die Kanzlerin oder der Kanzler allerdings Erster unter Gleichen. Dies bedeutet: Kommt es zum Streit zwischen den Ministerinnen oder Ministern, schlichtet die Bundeskanzlerin oder der Bundeskanzler. Das Kabinett muss schließlich mit der Mehrheit zu einer Entscheidung finden."[14].

Daneben sind auch Vorschläge zur Ernennung politischer und höherer Beamter des Bundes zur Entscheidung dem Kabinett vorzulegen.

---

[14] http://www.bundesregierung.de/PureHtml/-,12552.430577/dokument.htm#03

3. Führungsinstrumente des Bundeskanzlers

In der Kanzlerdemokratie hat der Bundeskanzler eine hervorgehobene Stellung in der Bundesregierung. Doch allein diese Stellung reicht nicht aus um eine Regierung zu führen. Deshalb stehen dem Bundeskanzler verschiedene Führungsinstrumente zur Verfügung. Diese sollen in dem Folgenden einzeln erläutert werden.

Richtlinienkompetenz

Die Umsetzung der Richtlinienkompetenz ist die eigentliche Basis für die Machtstellung des Bundeskanzlers. „Sie ist das Instrument zur Disziplinierung eines Kabinetts, dessen Zusammensetzung er nicht völlig frei bestimmen kann"[15], denn die Minister müssen innerhalb der von dem Bundeskanzler vorgegebenen Richtlinien agieren.

Die Richtlinienkompetenz des Bundeskanzlers ist in dem Art. 65 Satz 1 des Grundgesetzes (GG) festgelegt.

Art. 65 1 GG

„Der Bundeskanzler bestimmt die Richtlinien der Politik und trägt dafür die Verantwortung."(sog. Kanzlerprinzip)

So ähnlich war die Richtlinienkompetenz bereits in der Weimarer Reichsverfassung in dem Art. 56 formuliert worden, doch nützte diese damals dem Reichskanzler wenig.[16] Denn es „konnte sich diese Kompetenz im Rahmen des Weimarer Systems angesichts der Machtfülle des Reichspräsidenten und der direkten Abhängigkeit eines jeden einzelnen Ministers vom Vertrauen des Parlaments nicht voll zugunsten des Reichskanzlers auswirken."[17] Die Richtlinienkompetenz allein reicht also nicht aus, um dem Kanzler eine hervorgehobene Stellung in der Bundesregierung zu sichern.

Bildung der Bundesregierung

Ein wichtiges Führungsinstrument des Bundeskanzlers ist die Bildung der Bundesregierung. Das Kanzlerprinzip „steht" über dem Ressort- sowie dem Kabinettsprinzip, weil der Bundeskanzler das Recht hat, laut Art. 64 (1) GG jeden Bundesminister zur Ernennung und Entlassung dem Bundespräsidenten vorzuschlagen. „Die weitreichenden Kompetenzen des Bundeskanzlers bei der Regierungsbildung, die ihm die Art. 64 und 65 des Grundgesetzes zuschreiben, werden allerdings durch Koalitions-

---

[15] Sontheimer, K. / Bleek, W., Grundzüge des politischen Systems der Bundesrepublik, Bonn, 2000, S.309
[16] vgl. Niclauß, K., Kanzlerdemokratie, Paderborn, 2004, S.72

und Parteirücksichten eingeschränkt."[18] (vgl. 4.2 u. 4.4 d. A.). D.h. der Bundeskanzler muss bei der Regierungsbildung immer auch die Interessen der Koalition und der größten Interessenverbände mit berücksichtigen.

Organisationsgewalt

Der Bundeskanzler hat, nach der Geschäftsordnung der Bundesregierung, mit der Organisationsgewalt „die Möglichkeit, die Kompetenzen der Minister festzulegen und neue Ministerien zu schaffen."[19]

In der Weimarer Republik stand die Organisationsgewalt dem Reichspräsidenten zu. Erst 1949 wurde sie die alleinige Zuständigkeit der Regierung und somit des Kanzlers. Konrad Adenauer nutzte z.B. die Organisationsgewalt, um das im Grundgesetz nicht vorgesehene, Bundeskanzleramt einzurichten.[20]

Bundeskanzleramt

Die Hauptaufgabe des Bundeskanzleramtes ist die Vorbereitung und Durchführung der Politik des Bundeskanzlers. „Es ist die zentrale Koordinierungsstelle für die gesamte Regierungsarbeit. Hier werden die Kabinettssitzungen abgehalten und politische Richtlinien erarbeitet."[21] Des Weiteren wird die Arbeit der einzelnen Ministerien im Sinne der politischen Konzeption des Bundeskanzlers koordiniert.[22] Ebenso ist es die Verbindungsstelle des Bundeskanzlers zu dem Parlament, den Parteien sowie zu den Interessengruppen. Außerdem werden durch das Bundeskanzleramt die Nachrichtendienste koordiniert.

Nach Wilhelm Hennis[23] wäre ein Bundeskanzler ohne Bundeskanzleramt „ein bedauernswerter Vollinvalide", der den großen Ministerien machtlos gegenüber stünde. Laut Karlheinz Niclauß[24], steht seit Konrad Adenauer fest, dass das Hauptinstrument des Bundeskanzlers bei der Durchsetzung des Kanzlerprinzips, das Bundeskanzleramt ist. Denn durch eben dieses verfügt der Bundeskanzler über die erforderliche organisatorische Voraussetzung zur Anwendung des Kanzlerprinzips.

---

[17] Stammen, Theo, Regierungssysteme der Gegenwart, Stuttgart, 1967, S.71
[18] Niclauß, K., Kanzlerdemokratie, Paderborn 2004, S.72
[19] vgl. Rudzio, W., Das politische System der Bundesrepublik Deutschland, 6.Aufl., Opladen, 2003, S.285
[20] Niclauß, K., Kanzlerdemokratie, Paderborn 2004, S.72
[21] http://www.bundesregierung.de/PureHtml/-,413.696824/dokument.htm
[22] vgl. Niclauß, K., Kanzlerdemokratie, Paderborn 2004, S.72
[23] vgl. Hennis, W., Richtlinienkompetenz und Regierungstechnik, 1964, in: Hennis, W., Politik als praktische Wissenschaft Aufsätze zur politischen Theorie und Regierungslehre, München, 1968, S.171
[24] vgl. Niclauß, K., Kanzlerdemokratie, Paderborn 2004, S.73/74

Parteiführung

Kennzeichnend für die Regierungsform der Kanzlerdemokratie ist eine enge Verbindung zwischen dem Bundeskanzler und der Führung der größten Regierungspartei.[25] Durch die Parteiführung hat der Bundeskanzler die Möglichkeit die Willensbildung seiner Partei zu beeinflussen und ggf. zu steuern.

„Wenn der Kanzler den Vorsitz seiner Partei nicht in Personalunion[26] übernehmen kann oder will, muß er seine Unterstützung in den eigenen Reihen auf anderen Wegen sicherstellen."[27]

Medienpräsenz

Die Politik wird zunehmend personalisiert[28], also Ämter und Funktionen durch Personennamen ersetzt, was zur Folge hat, dass der Bundeskanzler als Person immer mehr im Mittelpunkt der politischen Kommentare in den Medien steht.

Da dem Bundeskanzler das Presse- und Informationsamt der Bundesregierung unterstellt ist, hat er die Möglichkeit Zugang zu politischen Informationen zu bekommen und kann seine Regierungspolitik gezielt darstellen.

Allerdings hat der Bundeskanzler kein Öffentlichkeitsmonopol, denn neben ihm stehen auch die Koalitionspartner an der Spitze des Presseamtes.[29]

---

[25] vgl. Niclauß, K., Kanzlerdemokratie, Paderborn 2004, S.79
[26] im Staatsrecht Bezeichnung für auf Dauer angelegte Bündnisse zwischen Staaten durch ein gemeinsames Staatsoberhaupt
[27] Niclauß, K., Kanzlerdemokratie, Paderborn 2004, S.79
[28] vgl. Niclauß, K., Kanzlerdemokratie, Paderborn 2004, S.98 ff
[29] vgl. Rudzio, W., Das politische System der Bundesrepublik Deutschland, 6.Aufl., Opladen, 2003, S.288

4. Grenzen des Kanzlerprinzips in der Praxis

Im Folgenden werden die Grenzen[30] des Kanzlerprinzips darstellt. Wobei der inhaltliche Schwerpunkt auf dem persönlichen Geschick (Punkt 4.4) der ehemaligen Bundeskanzler liegen wird.

Gesetzgebungsverfahren

Das Kabinettsprinzip besagt, dass „die Bundesregierung bei der Gesetzgebung nur als Kollektiv tätig werden kann."[31](Art. 65 3 GG) Somit ist der Bundeskanzler bei der Durchsetzung des Kanzlerprinzips durch das Kabinettsprinzip eingeschränkt.

Koalitionspartner und eigene Partei

Der Bundeskanzler wird vor allem stark durch die Rücksichtnahme auf den Koalitionspartner begrenzt. Denn meist nimmt dieser das Recht in Anspruch, seine Ministerien selbst zu besetzen.[32]

Dadurch, dass immer mehr politisch wichtige Entscheidungen aus dem Kabinett hinaus in informelle Gremien verlagert wurden, wird die Durchsetzung des Kanzlerprinzips erschwert. Bereits während Konrad Adenauers Regierungszeit gab es informelle Gremien. Um zu einer formalisierten Regelung zu kommen, wurde ein Koalitionsausschuss gegründet. An die Stelle dieses Ausschusses traten wenig später die Koalitionsgespräche. An diesen Gesprächen nehmen die wichtigsten Koalitionspolitiker aus Regierung, Koalitionsfraktion und -parteien teil. Aufgrund des Teilnehmerkreises haben die dort getroffenen Einigungen einen hohen Grad an faktischer Verbindlichkeit.[33]

Nach einer Umfrage der „Zeit"[34] sind die Koalitionsrunden für erfahrene Bonner Politiker das wichtigste politische Gremium. In diesen Koalitionsrunden „wird über den Inhalt der Regierungserklärung und über strittige Punkte der Gesetzgebung entschieden."[35]

---

[30] vgl. Nassmacher, H., Politikwissenschaft, 5.Aufl., München, 2004, S.219
[31] Nassmacher, H., Politikwissenschaft, 5.Aufl., München, 2004, S.219
[32] vgl. Nassmacher, H., Politikwissenschaft, 5.Aufl., München, 2004, S.219
[33] vgl. Rudzio, W., Das politische System der Bundesrepublik Deutschland, 6.Aufl., Opladen, 2003, S.303
[34] Die Zeit, 06.01.1989, in: Rudzio, W., Informelle Entscheidungsmuster in Bonner Koalitionsregierungen, in: Hartwich,H.-H. /Wewer, G., Regieren in der Bundesrepublik 2, Opladen, 1991, S.130ff
[35] Ebenda

Des Weiteren muss der Bundeskanzler auf Strömungen und Position seiner eigenen Partei, bei der Durchsetzung des Kanzlerprinzips, Rücksicht nehmen.[36]

Größe der Bundesregierung

Die Bundesregierung arbeitet intern nach dem Kanzlerprinzip (Art. 65 GG). D.h. die Aufstellung der Richtlinien der Politik obliegt dem Bundeskanzler, doch dieser ist dabei faktisch an das Regierungsprogramm der Koalition und an die Mehrheitsentscheidungen des Parlamentes gebunden.[37]

Dazu macht die Größe der Bundesregierung Abstimmungen zwischen den Koalitionspartnern notwendig. Das führt oft dazu, dass sich dabei einflussreiche Kabinettsmitglieder mit größerem politischem Gewicht durchsetzen[38] und somit den Kanzler bei der Durchsetzung des Kanzlerprinzips einschränken.

Persönliches Geschick

Nicht unerwähnt darf das persönliche Geschick des Bundeskanzlers bleiben, denn „das Ausmaß der Dominanz der Institution des Bundeskanzlers im bundesdeutschen Regierungssystem hängt von der jeweiligen Persönlichkeit des Amtsinhaber"[39] ab. Im folgenden wird eine zusammengefasste Darstellung der Durchsetzung des Kanzlerprinzips mit Bezug auf das persönliche Geschick der ehemaligen Bundeskanzler nach Sontheimer /Bleek[40] angeführt.

Konrad Adenauer (Amtszeit 1949 - 1963) war, als erster deutscher Bundeskanzler, aufgrund seiner Erfahrung und „Verhandlungsschläue" auf außen- und innenpolitischem Gebiet der unangefochtene Führer seiner Regierung (mit Ausnahme der letzten Amtsjahre).

Ludwig Erhard (Amtszeit 1963 - 1966) erwies sich als führungsschwacher Kanzler. Denn er war nicht in der Lage sich, mit den ihm zur Verfügung stehenden Mitteln, durchzusetzen. Erhard scheiterte an Rivalitäten im Kabinett, an dem Ressortpartikularismus und an der relativen Selbstständigkeit der Regierungsfraktion.

Als Nachfolger Erhards war Kurt Georg Kiesinger (Amtszeit 1966 – 1969), Bundeskanzler in einer großen Koalition. Und durch den sozialdemokratischen Koalitions-

---

[36] vgl. Nassmacher, H., Politikwissenschaft, 5.Aufl., München, 2004, S.219
[37] vgl. Schülerduden Politik und Gesellschaft, 4. Aufl., Mannheim, 2001, Stichwort: Bundesregierung
[38] vgl. Nassmacher, H., Politikwissenschaft, 5.Aufl., München, 2004, S.219
[39] Sontheimer, K. / Bleek, W., Grundzüge des politischen Systems der Bundesrepublik, Bonn, 2000, S.307
[40] Sontheimer, K. / Bleek, W., Grundzüge des politischen Systems der Bundesrepublik, Bonn, 2000, S.307ff

partner in seiner Führungsrolle beschränkt. Unter Kiesingers Kanzlerschaft entstand der „Kreßbonner Kreis", bestehend aus den führenden Kabinettsmitgliedern beider Parteien und deren Fraktionsvorsitzenden. Innerhalb dieses Kreises wurden faktisch die Richtlinien der Politik festgelegt.

Der sozialdemokratische Bundeskanzler Willy Brandt (Amtszeit 1969 – 1974) profilierte sich in der politischen Öffentlichkeit des In- und Auslandes durch seine charismatische Ausstrahlung. Allerdings war er mit der politisch- administrativen Alltagsarbeit eher überfordert.

Helmut Schmidts (Amtszeit 1974 – 1982) Kanzlerjahre waren durch die Ölpreiskrise, den Terrorismus und durch die Verschärfung der weltweiten Spannungen überschattet. Trotzdem konnte Schmidt sich als ökonomischer und politischer Krisenmanager bewähren.

Im Gegensatz zu Helmut Schmidt hatte Helmut Kohl (Amtszeit 1982 – 1998), im Zuge einer Parteireform der CDU, die Möglichkeit die Kontrolle über die eigene Partei aufzubauen. Dabei orientierte Kohl sich an Konrad Adenauer und wies parteiinterne Kritiker in ihre Schranken, sobald diese seinen Machtanspruch gefährdeten.

Gerhard Schröder (Amtszeit 1998 – 2005) hat im Laufe seiner politischen Karriere erhebliche Anpassungsfähigkeit und Flexibilität bewiesen. Er verkörperte den modernen Typ eines pragmatischen und Mediengewandten Berufspolitikers.

5.   Ergebnis

Die Frage nach den Grenzen des Kanzlerprinzips scheint auf zwei verschiedene Weisen beantwortbar zu sein. Zum einen bietet das Grundgesetz dem Bundeskanzler die rechtliche Möglichkeit, „seine Regierung straff zu führen."[41] Obwohl das Kanzler-, das Ressort- sowie das Kabinettsprinzip einander ergänzen und teilweise überlagern „ist das Kanzlerprinzip in diesem eng verzahnten System konkurrierender Prinzipien das entscheidende, weil es allein verfassungsmäßig mit Sanktionsmacht (Ministerentlassung) bewehrt ist."[42] Also bilden das Ressort- sowie das Kabinettsprinzip die verfassungsrechtlichen Grenzen des Kanzlerprinzips.

Zum anderen hängt die Umsetzung des Kanzlerprinzips in der Praxis wesentlich von dem taktisch richtigen Einsatz der Führungsinstrumente, der Persönlichkeit des jeweiligen Bundeskanzlers, sowie der Bedingungen der Regierungszusammensetzung und der Parteienkonstellation ab. Schließlich kann gesagt werden, dass die Verfassung den starken Bundeskanzler erlaubt, aber ihn nicht automatisch hervorbringt.[43]

Denn es gibt gewollte Grenzen zur Beschränkung des Kanzlerprinzips (Ressort- und Kabinettsprinzip) und Grenzen, die je nach dem persönlichen Geschick, durchaus umgangen werden können.

---

[41] Sontheimer, K. / Bleek, W., Grundzüge des politischen Systems der Bundesrepublik, Bonn, 2000, S.313

[42] Andersen, U./ Woyke, W. (Hrsg.), Handwörterbuch des politischen Systems der Bundesrepublik Deutschland, 3.Aufl., Opladen, 1997, S.47

[43] vgl. Sontheimer, K. / Bleek, W., Grundzüge des politischen Systems der Bundesrepublik, Bonn, 2000, S.313

Literaturliste

Andersen, Uwe / Woyke, Wichard (Hrsg.)
Handwörterbuch des politischen Systems der Bundesrepublik Deutschland
3. Auflage, Opladen: Leske + Budrich, 1997

Brauswetter, Hartmut
Kanzlerprinzip, Ressortprinzip und Kabinettsprinzip in der ersten Regierung Brandt
1969-1972
Bonn: Eichholz, 1976

Die Zeit (Ausgabe vom 06.01.1989)
Hamburg: Zeitverlag, 1989

Hesse, Konrad
Grundzüge des Verfassungsrechts der BRD
Karlsruhe: C.F. Müller, 1972

Hennis, Wilhelm
Richtlinienkompetenz und Regierungstechnik, 1964, in:
Hennis, Wilhelm
Politik als praktische Wissenschaft Aufsätze zur politischen Theorie und Regierungs-
lehre
2. Auflage, München: Piper, 1968

Nassmacher, Hiltrud
Politikwissenschaft
5. Auflage, München: Oldenbourg Wissenschaftsverlag, 2004

Niclauß, Karlheinz
Kanzlerdemokratie
Paderborn: Schöningh, 2004

Rudzio, Wolfgang
Das politische System der Bundesrepublik Deutschland
6. Auflage, Opladen: Leske + Budrich, 2003

Redaktion für Schule und Lernen (Hrsg.)
Schülerduden Politik und Gesellschaft
4. Auflage, Mannheim: Bibliographisches Institut & F.A. Brockhaus AG, 2001

Rudzio, Wolfgang
Informelle Entscheidungsmuster in Bonner Regierungskoalitionen, in:
Hartwich, Hans- Hermann/ Wewer, Göttrik (Hrsg.)
Regieren in der Bundesrepublik 2
Opladen: Leske + Budrich, 1991

Sontheimer, Kurt
Grundzüge des politischen Systems der Bundesrepublik Deutschland
München: Piper, 1971

Sontheimer, Kurt/ Bleek, Wilhelm
Grundzüge des politischen Systems der Bundesrepublik Deutschland
Bonn: Piper, 2000

Stammen, Theo
Regierungssysteme der Gegenwart
Kohlhammer: Stuttgart, 1967

Internetadressen

www.bundesregierung.de/PureHtml/-,12552.430577/dokument.htm#03

www.bundesregierung.de/PureHtml/-,413.696824/dokument.htm